Schon gewußt

TOM STACY

Erde, Meer und Himmel

ERKLÄR-BUCH MIT FRAGEN UND ANTWORTEN

AUS DEM ENGLISCHEN VON SUSANNE KOPPE

Franz Schneider Verlag

Originaltitel: Earth, Sea & Sky
erschienen 1990 bei Kingfisher Books

Herausgeberin der Reihe: Jackie Gaff
Titelbild: Chris Forsey
Innenillustrationen: Chris Forsey
Umschlaggestaltung: Claudia Böhmer
Übersetzung aus dem Englischen: Susanne Koppe
Redaktion: Susanne Härtel
Herstellung: Gabi König
Satz: Prechtl, Passau
Printed in Spain
ISBN: 3-505-04513-6

Inhalt

Wie sieht die Erde aus?

Die Astronauten können vom Weltall aus sehen, daß die Erde rund wie eine Kugel ist. An den Polen ist sie jedoch ein bißchen abgeflacht, und am Äquator wölbt sie sich etwas. Vom Weltall her erscheint die Erde blau, weil sie größtenteils von Wasser bedeckt ist.

SCHON GEWUSST

Wenn du ohne Pause um den Äquator wandern könntest, bräuchtest du dazu 250 Tage.

Wasser und Eis bedecken sieben Zehntel der Erdoberfläche.

Große Landgebiete werden zum Anbau von Getreide und Gemüse genutzt.

Fast ein Fünftel der Landmasse besteht aus Bergen.

Beinahe ein Achtel der Landmasse besteht aus Wüste.

Wälder bedecken ein Viertel des Festlandes. Sie sorgen für gute Luft und sind Lebensraum für viele Tiere.

Die kältesten Regionen der Erde liegen am Nord- und am Südpol.

MEHR ÜBER DIE ERDE

- Der Äquator ist eine gedachte Linie, die um die Erde herumführt. Er ist 40075 km lang — 25 Millionen Menschen müßten sich an den Händen fassen, um ihn zu umschließen.

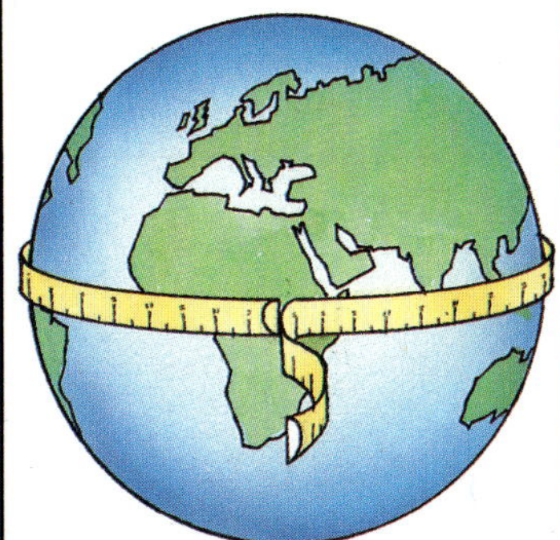

- Der Äquator teilt die Erde in zwei gleiche Hälften, die Hemisphären oder Halbkugeln heißen. Die obere ist die nördliche Hemisphäre, die untere die südliche Hemisphäre.

- Die Erdachse ist eine gedachte Linie, die zwischen Süd- und Nordpol durch die Mitte der Erde läuft und um die sich die Erde wie ein riesiger Kreisel dreht.

- Die Erdachse — also die Linie vom Nord- zum Südpol ist 12719 km lang.

Woraus besteht die Erde?

Die Erde besteht aus Gestein. Sie hat vier verschiedene Schichten. Wir leben auf der äußersten Schicht, die Erdkruste genannt wird. Die anderen Schichten heißen Erdmantel und äußerer und innerer Erdkern. Je tiefer man in die Erde dringt, desto heißer ist sie — im Erdmittelpunkt herrschen um die 6000°C.

SCHON GEWUSST?

Die Erde ist wahrscheinlich so alt wie der Mond — beide sollen vor 5 bis 6 Milliarden Jahren entstanden sein. Die ältesten Steine, die auf der Erde gefunden wurden, sind jedoch nur 4 Milliarden Jahre alt. Auf dem Mond haben Astronauten allerdings ältere Steine gefunden.

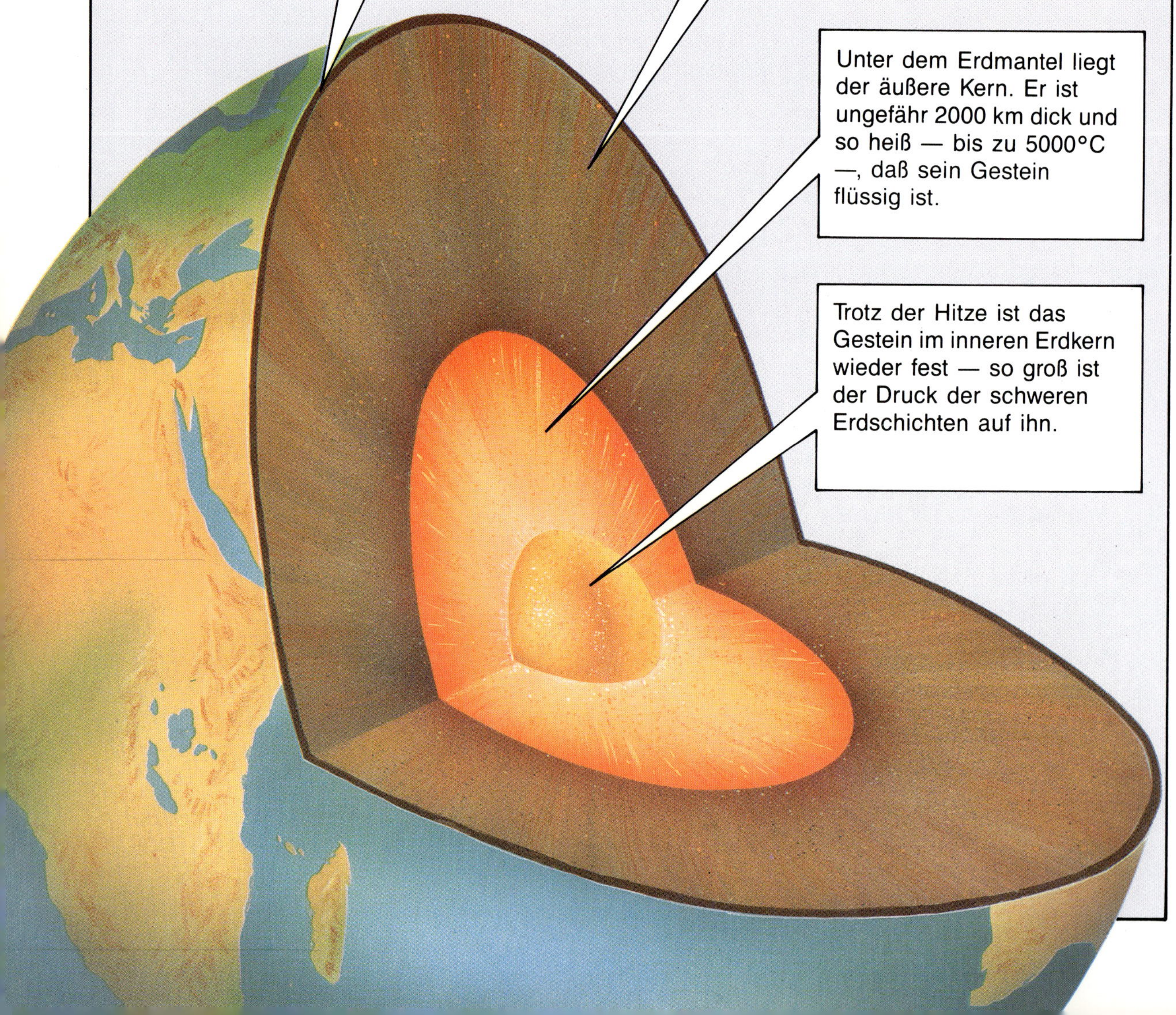

Wie hat sich die Erde verändert?

Wissenschaftler glauben, daß es ursprünglich nur einen einzigen Kontinent gab. Da die Erdkruste aus riesigen Platten besteht, die auf dem teils flüssigen Erdmantel wie Eisschollen auf Wasser schwimmen, brach dieser Urkontinent auseinander. So entstanden unsere Kontinente, die noch heute auseinanderstreben.

SCHON GEWUSST?

Nordamerika und Europa bewegen sich jedes Jahr 2 cm voneinander fort: Das ist 1 m in 50 Jahren!

1 Vor 200 Millionen Jahren gab es nur eine einzige Landmasse: den riesigen Urkontinent Pangäa. Um ihn lag das Tethys-Meer.

2 Durch die Bewegung der Platten zerbrach Pangäa vor 180 Millionen Jahren in die Kontinente Laurasia und Gondwana.

3 Laurasia und Gondwana zerteilten sich vor 65 Millionen Jahren in kleinere Kontinente, die den unseren schon ähnelten und sich immer weiter voneinander entfernten.

ERDPUZZLE — SELBSTGEMACHT

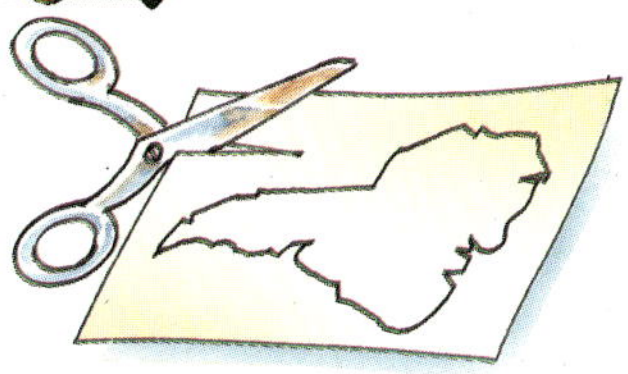

Pause die Umrisse der Kontinente von einer Weltkarte ab und schneide sie aus. Nun kannst du den Urplaneten zusammenfügen!

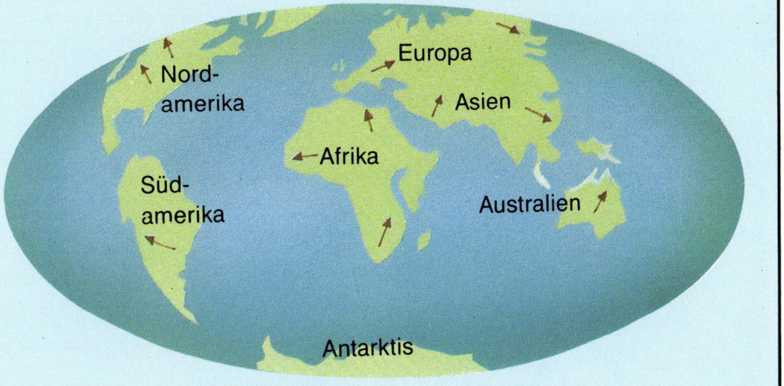

4 Seit mehr als 50 Millionen Jahren bewegen sich Afrika und Südamerika auseinander. Jedes Jahr legen sie dabei 4 cm zurück. In 50 Millionen Jahren werden auch die beiden Hälften Amerikas ganz getrennt sein. Australien zieht weiter nördlich, Asien bewegt sich von Afrika fort.

Wie entstehen Berge?

SCHON GEWUSST?

Der höchste Punkt der Welt ist der Gipfel des Mount Everest: Er liegt 8848 m über dem Meeresspiegel. Trotzdem gibt es einen Berg, der eigentlich noch höher ist: Der Mauna Kea auf Hawaii mißt vom Meeresspiegel aus zwar nur 4170 m — vom Meeresboden aus jedoch 10106 m!

Berge brauchen Millionen von Jahren, um zu entstehen. Auch heute wachsen einige noch. Manche Berge entstehen dadurch, daß Teile der Erdkruste zusammengepreßt werden und sich deshalb auffalten. Andere kommen dadurch zustande, daß ganze Blöcke der Erdkruste hochgeschoben werden. Auch die Auswurfmassen von Vulkanen können Berge bilden.

Zwischen den Bergen liegen Täler. Sie werden durch wandernde Gletscher oder reißende Flüsse gebahnt oder entstehen durch Brüche und Verschiebungen in der Erdkruste, sogenannten Verwerfungen.

Bruchgebirge (links) entstehen entlang von Verwerfungen. Riesige Felsblöcke werden hochgeschoben oder gekippt. Die meisten deutschen Mittelgebirge sind Bruchgebirge.

Die Alpen sind ein junges Faltengebirge mit spitzen Gipfeln. Die Appalachen in Nordamerika sind älter und haben abgetragene, gerundete Gipfel.

Ein Gletscher ist eine riesige Eismasse, die sich langsam einen Berg hinunterwälzt. Die meisten Gletscher bewegen sich nur 1 bis 2 cm am Tag.

Eine Lawine besteht aus abrutschenden Schnee- und Eismassen, die im Sturz alles mit sich reißen.

Bewegung des Gesteins

Faltengebirge (oben) entstehen, wenn Teile der Erdkruste gegeneinanderdrücken. Das Gestein wird unter großem Druck in Falten gequetscht und hochgehoben — neue Berge entstehen.

MEHR ÜBER BERGE

- Der Mount Everest liegt im Himalayagebirge zwischen Tibet und Nepal. Seinen Namen verdankt er einem englischen Forscher. In Nepal wird er jedoch „Gipfel über den Weltmeeren“ genannt.

- Der höchste Berg Europas ist der Montblanc mit 4807 m Höhe.
- Die 20 höchsten Berge der Welt liegen im Himalaya. Sie sind alle über 8000 m hoch.
- Der höchste Berg in Amerika ist der Aconcagua in den Anden. Er ist 6959 m hoch.

Was ist ein Erdbeben?

Wenn zwei Platten der Erdkruste sich gegeneinanderschieben, kann der Druck so groß werden, daß die Gesteinsschichten an den Verwerfungen sich plötzlich bewegen. So entsteht ein Erdbeben. Dabei erzittert die Erde für einige Sekunden, und im Boden können tiefe Risse entstehen. Manchmal stürzen sogar Häuser ein. Man kann voraussagen, wo Erdbeben möglich sind, aber nicht, wann genau sie auftreten werden.

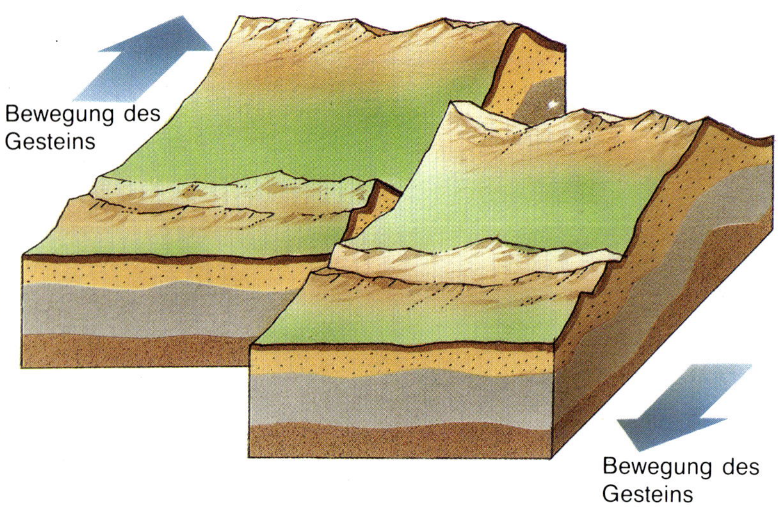

MEHR ÜBER ERDBEBEN

- Das schlimmste Erdbeben, von dem wir wissen, fand 1923 in Japan statt. 575000 Häuser stürzten ein.

- Im Jahr 1556 wurden bei einem Erdbeben in China über 800000 Menschen getötet. Rund 25000 Menschen starben 1988 bei dem Erdbeben in Armenien.

- Seismographen sind hochempfindliche Meßgeräte, mit denen man die Stärke eines Erdbebens feststellen kann. Die Werte werden auf der sogenannten Richterskala gemessen. Das bisher schwerste registrierte Erdbeben, 1964 in Alaska, zählte 8,6 auf der Richterskala.

Was ist ein Vulkan?

Wenn die Erdkruste gedehnt oder zusammengepreßt wird, entstehen Öffnungen. Diese Öffnungen nennt man Vulkane. Bei einer Vulkaneruption werden geschmolzenes Gestein, brennendes Gas und Asche aus der Tiefe der Erde geschleudert.

MEHR ÜBER VULKANE

Die berühmtesten Vulkanausbrüche: Vesuv (Italien, 79 n. Chr.), Tambora und Krakatoa (Indonesien, 1815 und 1883) und Mount St. Helens (USA, 1980).

Es gibt verschiedene Arten von Vulkanen: Tätige Vulkane brechen häufig aus, ruhende oder untätige nur selten und erloschene überhaupt nicht mehr. Das geschmolzene Gestein im Vulkan nennt man Magma.

Viele Vulkane bilden trichterförmige Berge. Bei einem Vulkanausbruch schießt Magma aus dem Krater, das als Lava den Berg hinabfließt. Wenn die Lava abkühlt, wird sie zu hartem Gestein.

Magma gibt es bis zu 150 km unter der Erdoberfläche. Es liegt in einer Art Kessel, dem Vulkanherd. Im Magma werden bei hohem Druck Gase frei, die eine Explosion verursachen. So kommt es zum Vulkanausbruch.

Woraus bestehen Steine?

Es gibt drei Gesteinsarten: Sediment-, magmatische und metamorphe Gesteine. Auch wenn sie unterschiedlich entstanden sind, enthalten sie allesamt Minerale. Minerale sind Stoffe, die meist entweder aus der Erdkruste, dem Erdmantel oder von Meteoriten stammen.

Sedimentgestein entsteht, wenn winzige Gesteinsteilchen zusammengepreßt werden. Sandstein z.B. besteht aus zusammengepreßtem, verfestigtem Sand. Monument Valley in den USA ist wegen seiner Sandsteinformationen berühmt.

Monument Valley

Metamorphose heißt Veränderung. Metamorphe Gesteine haben sich durch Hitze und Druck tief in der Erde in einen anderen Stein verwandelt. So wurde aus Kalkstein Marmor — diesen Stein verwenden Bildhauer gerne.

Die Pietà von Michelangelo ist aus Marmor.

MEHR ÜBER STEINE

- Kalk ist ein Sedimentgestein. Er besteht aus den Schalen kleiner Meerestiere, die vor vielen Millionen Jahren lebten.
- Bimsstein ist ein magmatischer Stein, der so leicht ist, daß er auf dem Wasser schwimmen kann.

Magmatisches Gestein wird auch Vulkanit genannt. Im heißen Erdinneren war es flüssig, auf oder unter der Erdoberfläche ist es dann erstarrt. Giant's Causeway (Damm der Riesen) in Irland besteht aus magmatischem Gestein, nämlich Basalt.

Giant's Causeway

Was sind Stalagmiten und Stalaktiten?

Stalagmiten und Stalaktiten entstehen in Tropfsteinhöhlen. Das tropfende Wasser enthält ein Mineral, nämlich Kalk. Verdunstet das Wasser, bleibt der Kalk zurück — langsam wächst ein Tropfstein.

Stalaktiten wachsen von oben nach unten, Stalagmiten von unten nach oben. Manchmal treffen sie zusammen und bilden eine Säule.

TROPFSTEIN — SELBSTGEMACHT

1 Fülle zwei Gläser mit warmem Wasser und rühre so viel Waschsoda darunter, bis sich nichts mehr auflöst. Zieh dir dabei Gummihandschuhe an!

2 Beschwere die Enden eines verzwirnten Wollfadens, und tauche je ein Ende in ein Glas. Stelle einen Teller zwischen die Gläser.

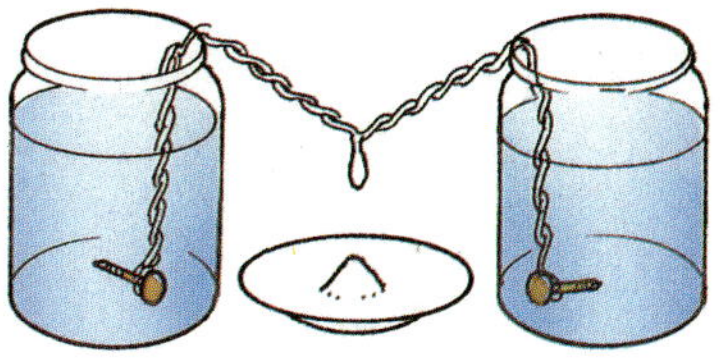

3 Wasser wird aus dem Wollfaden tropfen. Wenn es verdunstet, bleibt ein Sodatropfstein übrig.

Wo entspringen die Flüsse?

Ohne Regen, Schnee und Eis gäbe es keine Flüsse. Ein Teil dieses Wassers sickert in die Erde, wo es sich als Grundwasser sammelt. An manchen Stellen — oft im Gebirge — bricht das Grundwasser als Quelle hervor und bildet einen Wasserlauf. Dieser gräbt sich ein Flußbett und wird immer breiter, weil andere Bäche und Flüsse hinzufließen. Zuletzt mündet der Fluß ins Meer.

SCHON GEWUSST?

Millionen Jahre dauerte es, bis der Colorado die größte Schlucht der Welt ausgewaschen hatte: den Grand Canyon in den USA.

MEHR ÜBER FLÜSSE

- Der längste Fluß der Welt ist der Nil. Er ist 6671 km lang.

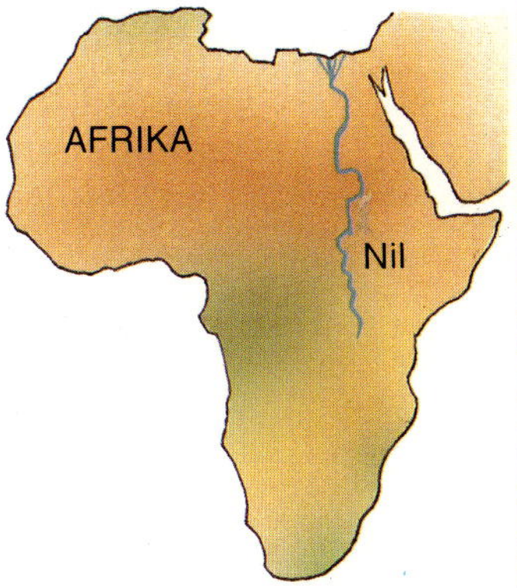

- Mit 6518 km ist der Amazonas der zweitlängste Fluß der Welt.
- Ganz Österreich fände Platz im größten Delta der Welt, das vom Ganges und Brahmaputra gebildet wird.

Wie entstehen Wasserfälle?

MEHR ÜBER WASSERFÄLLE

- Der Niagarafall besteht eigentlich aus zwei Fällen. Der eine liegt auf kanadischem Gebiet, der andere auf der Seite der USA.

- Eine Kaskade nennt man mehrere Wasserstufen, die aufeinander folgen.

- Mit 978 m ist der Angel Fall in Südamerika der höchste Wasserfall der Welt. Er ist zweimal so hoch wie das Searsgebäude in Chicago, das höchste Gebäude der Welt.

Fließt ein Fluß über verschieden harte Gesteinsschichten, so trägt er zunächst die weichen Schichten ab. Das harte Gestein bleibt übrig und bildet eine Stufe, über die der Fluß stürzt. Die meisten Wasserfälle werden von schnellen, reißenden Gebirgsströmen gebildet.

1

Ein Fluß strömt über harte und weiche Gesteinsschichten.

2

Das weiche Gestein wird abgetragen, das harte bleibt. So entsteht eine Stufe, über die das Wasser stürzt.

3

In Tausenden von Jahren trägt der Fluß ständig Gestein ab, und der Wasserfall wird immer größer.

Wie entstehen Seen?

Wenn ein Fluß nicht weiterfließen kann, weil Felsen oder Eis ein Tal versperren, staut sich das Wasser — so entsteht ein See. Eis und Felsen sind oft Überreste von Gletscherwanderungen. Seen entstehen auch, wenn Flüsse ihren Lauf ändern.

MEHR ÜBER SEEN

Der größte See der Welt ist das Kaspische Meer in Asien. Er ist 371 000 km² groß. Der Baikalsee ist mit 1620 m der tiefste.

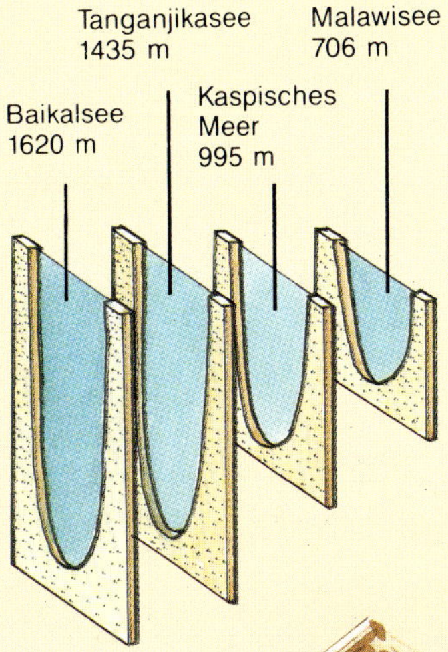

Flüsse tragen Schlamm und Sand mit sich, die das Flußbett blockieren können — der Fluß ändert seinen Lauf. Im alten Flußlauf bleibt ein See zurück.

Ein wandernder Gletscher schneidet ein Tal ins Land. Vor sich her schiebt er viel Geröll. Wenn der Gletscher schmilzt, bleibt das Geröll als Damm zurück. Ein See entsteht.

Der Titicacasee (3812 m über dem Meeresspiegel) in Südamerika ist der höchstgelegene von Schiffen befahrene See.

Wie tief sind die Meere?

MEHR ÜBER DIE MEERE

- Der Pazifik bedeckt über 166 Millionen km². Er ist größer als alle Kontinente zusammen.
- Der Atlantik ist mit über 84 Millionen km² der zweitgrößte Ozean.
- Fast zwei Drittel der gesamten Erdoberfläche liegen in der Tiefsee.
- Der tiefste Punkt der Erde ist das Witjas-Tief im Pazifik. Es könnte den ganzen Mount Everest aufnehmen!

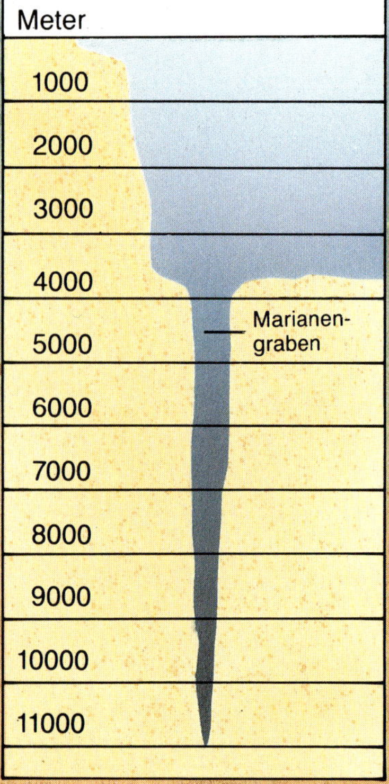

Der größte und tiefste Ozean der Welt ist der Pazifik. Das Witjas-Tief im Marianengraben ist mit 11022 m sein tiefster Punkt. Der größte Teil des Meeresbodens besteht jedoch aus einer Ebene, der abyssischen Region. Sie erstreckt sich in einer Tiefe von mindestens 2000 m. Dort gibt es kaum Lebewesen, da das Sonnenlicht nicht in so große Tiefen vordringen kann.

U-BOOT — SELBSTGEMACHT

1 Stich Löcher in eine Plastikflasche und beschwere sie mit aufgeklebten Münzen.

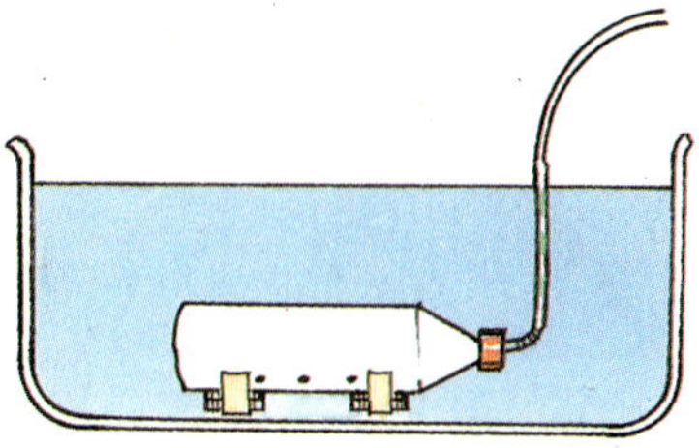

2 Befestige einen Plastikschlauch mit Knete am Flaschenhals. Tauche das U-Boot ins Wasser.

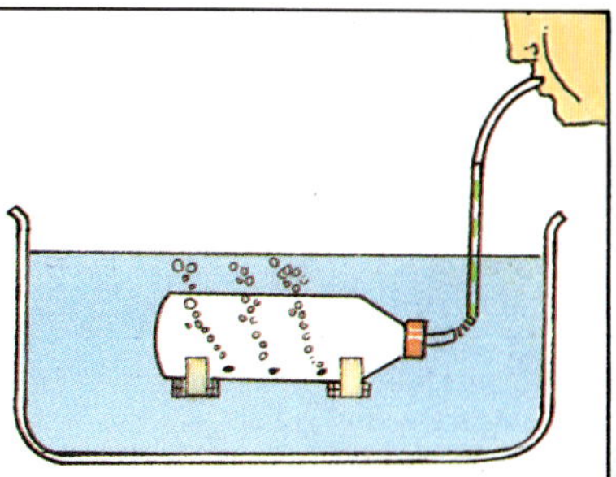

3 Blase in den Schlauch. Die Luft verdrängt das Wasser aus dem Boot — es schwimmt.

Warum ist das Meer salzig?

Das Salz im Meer ist eine Mischung von Mineralien, die sich von Gesteinen gelöst haben und ins Meer geschwemmt wurden. Zu diesen Mineralien gehört auch unser Speisesalz.

SCHON GEWUSST?

Das Tote Meer ist siebenmal salzhaltiger als die anderen Meere. Es ist so salzig, daß man in ihm nicht untergeht und Fische dort nicht leben können.

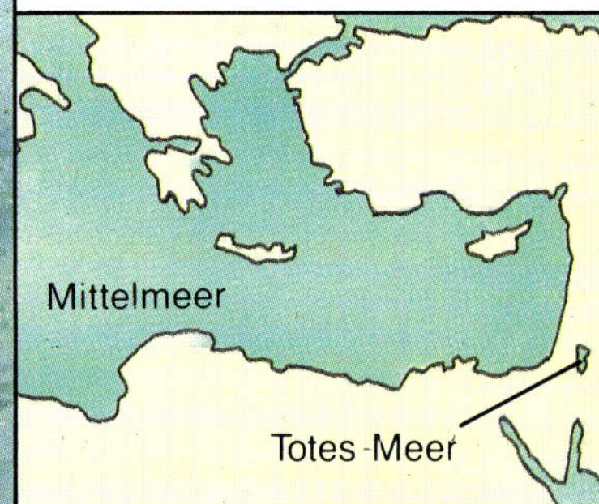

Wie hoch sind die größten Wellen?

Die höchste Meereswelle, die je gemessen wurde, war 34 m hoch und wurde 1933 während eines Hurrikans im Pazifik gesehen. Meereswellen entstehen meistens durch den Wind und durch die Gezeiten, Ebbe und Flut.

SCHON GEWUSST?

Erdbeben im Meer, sogenannte Seebeben, können riesige Flutwellen auslösen, die Tsunamis. Auf dem offenen Meer können sie mit Geschwindigkeiten bis zu 800 km/h kaum Schaden anrichten. Wenn die 15 bis 30 m hohen Tsunamis dann aber das Festland erreichen, verursachen sie — weit entfernt vom Seebeben — furchtbare Zerstörungen.

Was sind Eisberge?

Eisberge sind riesige Eisblöcke, die von Gletschern abbrechen und auf das Meer treiben. Man findet sie in den Polargegenden, also in der Arktis und der Antarktis. Eisberge treiben wärmeren Gewässern entgegen. Sie legen oft Tausende von Kilometern zurück, bevor sie nach vielen Jahren schließlich schmelzen. Der höchste Eisberg, der je gesehen wurde, war 167 m hoch, der größte maß 335 km in der Länge und 97 km in der Breite.

MEHR ÜBER EISBERGE

- Eisberge können außer weiß auch braun, schwarz oder grün sein.
- Eisberge sind eine Gefahr für die Schiffahrt, weil nur ein Siebtel von ihnen aus dem Wasser ragt. Die schlimmste Schiffskatastrophe, die ein Eisberg verursachte, war der Untergang der Titanic (1912).

Antarktische Eisberge sind meist lang und platt und sehen aus wie schwimmende flache Inseln. Eisberge in der Arktis gleichen eher hohen, zackigen Bergen.

Woraus besteht die Atmosphäre?

Die Atmosphäre ist die Lufthülle, die die Erde umgibt. Ohne sie gäbe es kein Leben. Sie enthält den Sauerstoff, den wir zum Atmen brauchen, und schützt uns vor den UV-Strahlen der Sonne. Die Luft wird mit zunehmender Höhe dünner — etwa in 500 km Höhe beginnt der luftleere Weltraum.

WIEGT LUFT ETWAS?

1 Hänge zwei gleich große Ballons mit gleich langen Fäden an einen Stab. Lege genau die Mitte des Stabes auf eine Stuhllehne. Der Stab hält die Balance.

2 Nun löse einen Ballon, lasse die Luft heraus und hänge ihn wieder an: Der Stab kippt in die andere Richtung, denn der aufgeblasene Ballon ist schwerer als der leere!

Warum ist der Himmel blau?

Obwohl das Sonnenlicht weiß aussieht, enthält es in Wirklichkeit alle Farben des Regenbogens. Die Sonnenstrahlen werden von Wasser- und Staubteilchen in der Atmosphäre gebrochen. Das blaue Licht wird am stärksten gebrochen — deshalb sieht der Himmel blau aus.

Warum sind Sonnenuntergänge rot?

Bei Sonnenuntergang steht die Sonne tief am Himmel und ist weiter von uns entfernt. Die Sonnenstrahlen müssen mehr Luft durchqueren, bevor wir sie sehen können. Dabei werden alle Farben außer Rot herausgefiltert — deshalb erscheint der Himmel rot. Das Abendrot verstärkt sich bei starker Luftfeuchtigkeit, wie das oft über dem Meer der Fall ist.

? SCHON GEWUSST?

Im Mittsommer geht die Sonne in der Nord- und Südpolregion nie unter. Man spricht von der Mitternachtssonne.

Warum haben wir Jahreszeiten?

Jahreszeiten gibt es, weil die Erde im Laufe eines Jahres die Sonne umkreist. Die Erdachse ist aber geneigt, so daß im Laufe einer Sonnenumkreisung — also eines Jahres — einige Teile der Erde mehr, andere weniger Sonnenlicht erhalten. Wenn die nördliche Halbkugel der Sonne zugewandt ist, dann herrscht dort z. B. Sommer.

MEHR ÜBER DIE SONNE

Für die Sonnenstrahlen ist der Weg zu den Polen weiter als zum Äquator. Weil die Strahlen dort nicht mehr so viel Kraft haben, ist es an den Polen so kalt.

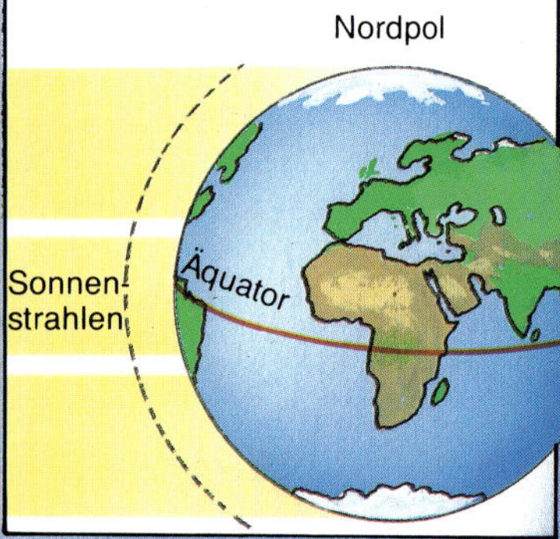

Im Herbst sammeln die Tiere auf der nördlichen Halbkugel Wintervorräte.

Gleichzeitig beginnt auf der südlichen Halbkugel der Frühling; die Vögel fangen an zu nisten.

Der Winter auf der Nordhalbkugel bringt Kälte und kurze Tage.

Auf der Südhalbkugel können die Leute an Weihnachten baden gehen.

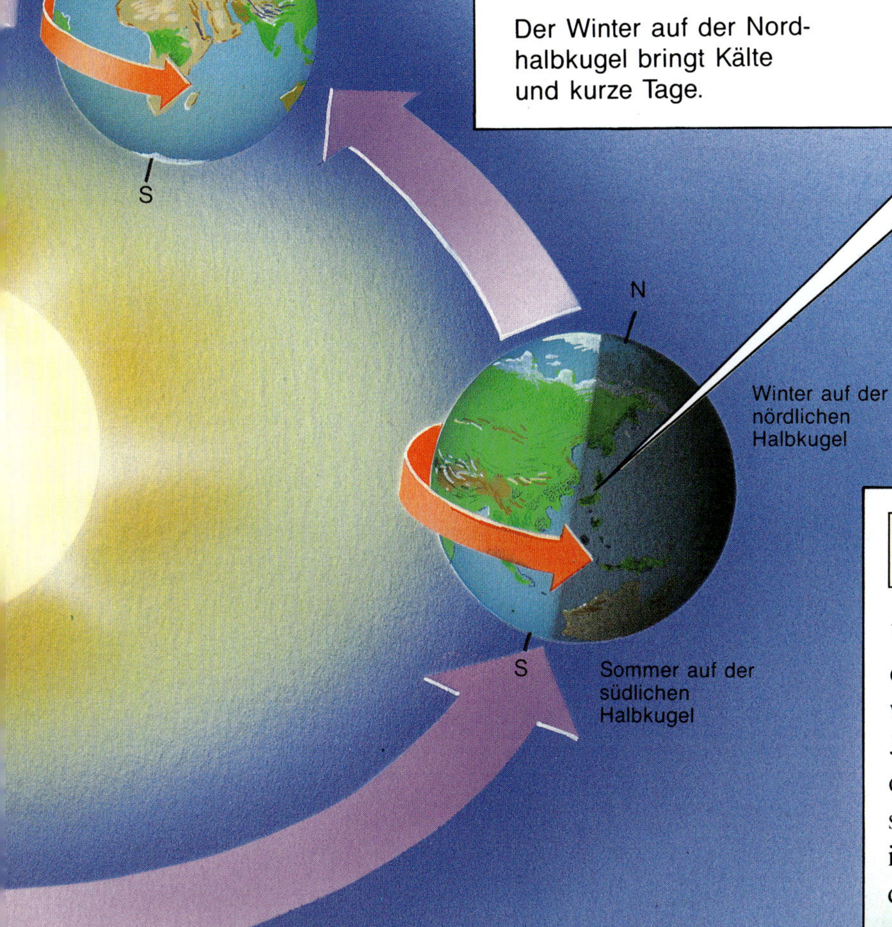

SCHON GEWUSST?

Viele Tiere wandern mit den Jahreszeiten. Buckelwale bekommen ihre Jungen im warmen Wasser des Südens, Nahrung suchen sie danach jedoch in kälteren Gewässern des Nordens.

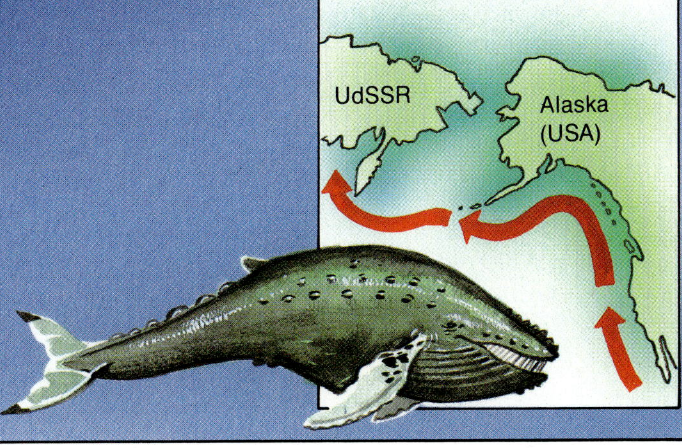

Warum gibt es Tag und Nacht?

Während die Erde die Sonne umkreist, dreht sie sich gleichzeitig um sich selbst. Eine Umdrehung dauert 24 Stunden. Die Sonnenstrahlen erreichen immer nur die Erdhälfte, die ihr zugewandt ist. Dort ist es dann hell — also Tag. Auf der anderen Seite ist es dunkel — deshalb Nacht.

TAGESLAUF — SELBSTGEMACHT

Als Erde brauchst du einen Globus, als Sonne eine Taschenlampe. Stelle die Taschenlampe in einem dunklen Raum so hin, daß sie eine Seite des Globus anleuchtet. Wenn du den Globus drehst, wird jeder Teil deiner „Erde" vom Tag zur Nacht wandern.

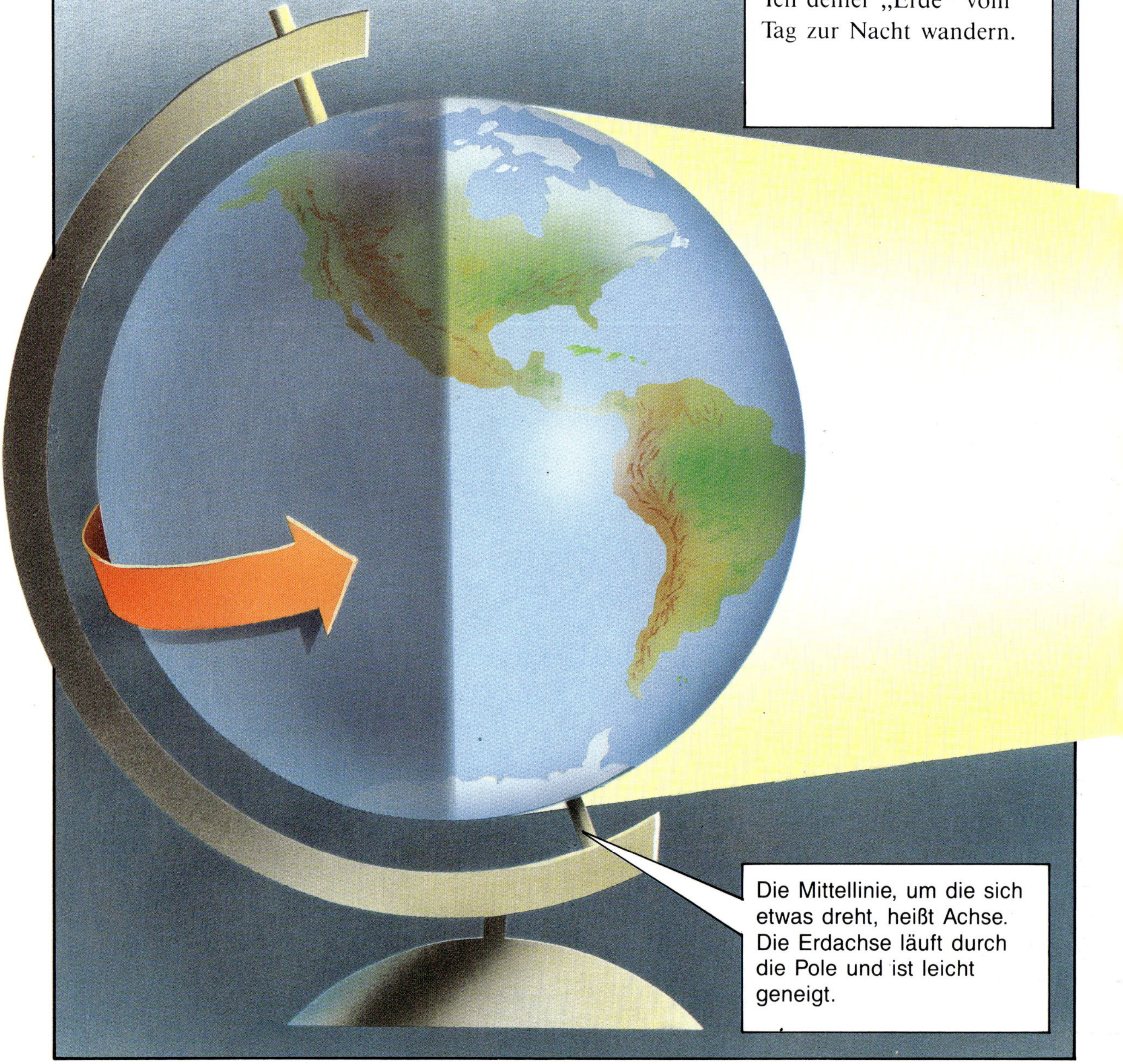

Weshalb sind Tage unterschiedlich lang?

Am Äquator sind die Tage immer fast gleich lang. In den Polargegenden sind Wintertage dagegen viel kürzer als Sommertage. Das ist so, weil die Erdachse gegenüber der Sonne leicht gekippt ist. Den Teil der Erde, der gerade der Sonne nicht zugeneigt ist, erreichen die Strahlen weniger lang. Dort sind die Tage kürzer.

SCHON GEWUSST?

Seit 1884 werden die Zeitzonen vom Greenwich-Meridian aus berechnet. Er verläuft durch Greenwich in London, genau auf dem Längengrad Null.

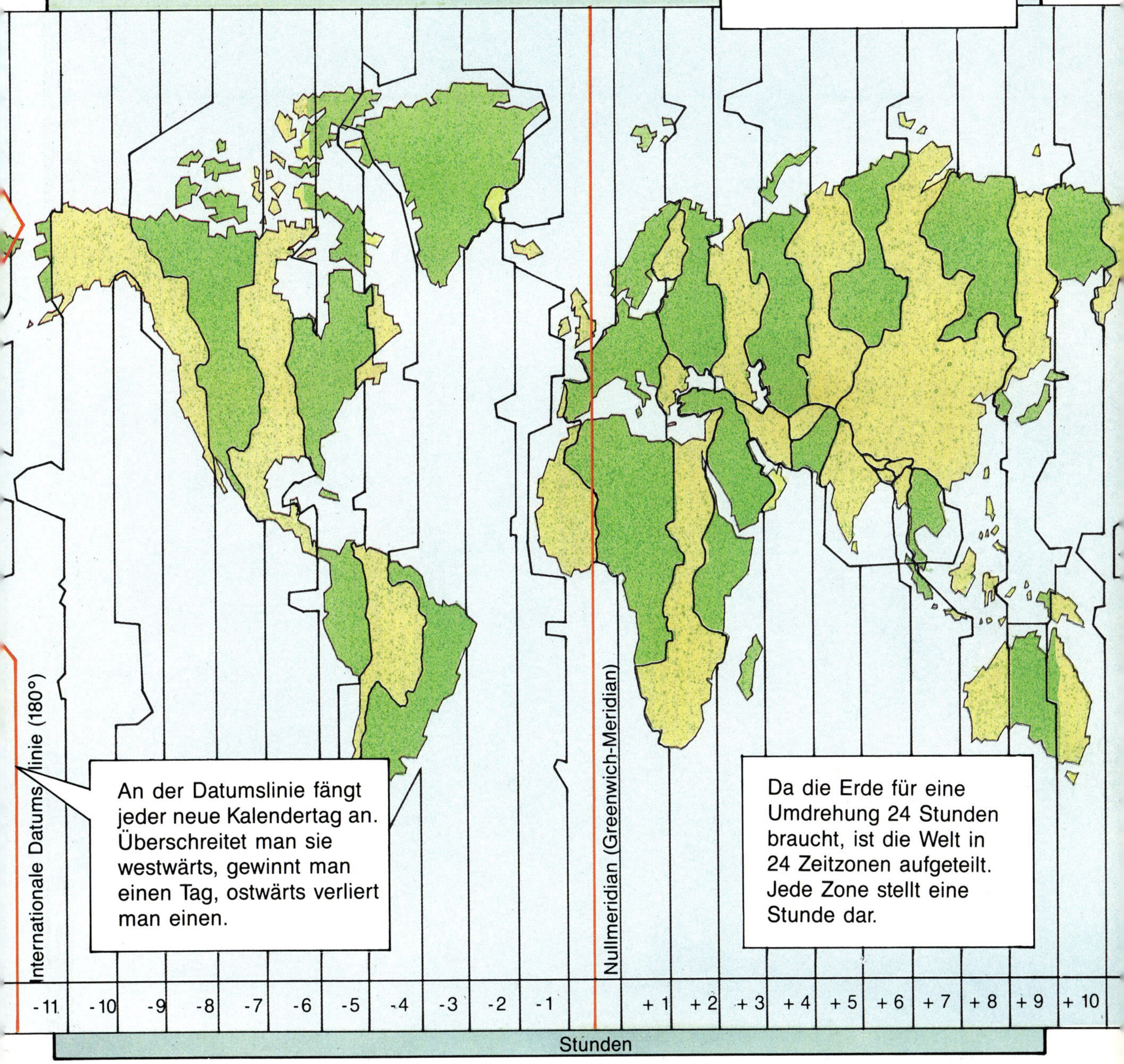

An der Datumslinie fängt jeder neue Kalendertag an. Überschreitet man sie westwärts, gewinnt man einen Tag, ostwärts verliert man einen.

Da die Erde für eine Umdrehung 24 Stunden braucht, ist die Welt in 24 Zeitzonen aufgeteilt. Jede Zone stellt eine Stunde dar.

Wo auf der Erde ist es am heißesten?

SCHON GEWUSST?

Die drei Länder mit der höchsten Durchschnittstemperatur der Welt liegen in Afrika. Das heißeste Land ist Mali, dann kommen Burkina Faso und Niger.

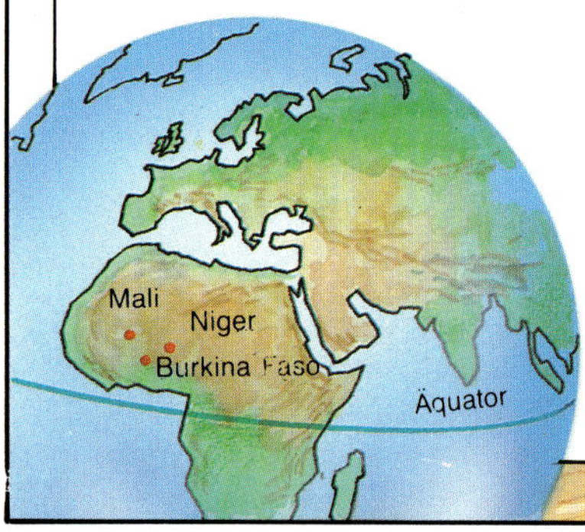

1922 wurde in der Sahara die höchste Temperatur registriert, die je im Schatten gemessen wurde: 58°C. Im Death Valley in den USA wurde es einmal fast ebenso heiß: 1913 maß man hier 56,7°C. Auf der Erde ist es in Äquatornähe am heißesten, da hier das Land das ganze Jahr über immer direkt der Sonne zugewandt und die Sonnenstrahlung so am stärksten ist.

Wo auf der Erde ist es am kältesten?

SCHON GEWUSST?

Die Länder mit den niedrigsten Durchschnittstemperaturen sind die Antarktis um den Südpol und Alaska und Grönland beim Nordpol.

Am kältesten ist es auf der Erde in der Nähe des Nord- und des Südpols. Die Sonne steigt hier nie sehr hoch, und ihre Strahlen sind schwach. Schnee und Eis bedecken die Erde das ganze Jahr.

Die niedrigste je gemessene Temperatur betrug -89,2°C. Sie wurde 1983 in Wostok in der Antarktis festgestellt.

Wo auf der Erde regnet es am meisten?

In Deutschland gibt es im Jahr etwa 835 mm Regen. Tutunendo in Kolumbien hat dagegen durchschnittlich 11 000 mm Regen pro Jahr und ist somit der feuchteste Ort der Welt. Am meisten Regen in einem Monat fiel jedoch in Indien: In Cherrapunji gab es im Juli 1861 9300 mm Niederschlag! Auf dem Berg Waialeale auf Hawaii regnet es an 350 von 365 Tagen im Jahr.

SCHON GEWUSST?

Die drei feuchtesten Länder der Welt liegen in der Nähe des Äquators. Es sind Kolumbien (Südamerika), Malaysia (Asien) und Sierra Leone (Afrika).

Wo herrscht die größte Trockenheit?

Der trockenste Ort der Welt ist die Wüste Atacama in Nordchile, Südamerika. Bis 1971 hatte es dort seit 400 Jahren nicht mehr geregnet! Das trockenste Land der Welt ist Ägypten mit seinen großen Wüstenregionen. Alle Wüsten sind trocken, aber nicht alle sind sandig und heiß. Manche sind felsig, andere sind kalt und bestehen aus Eis.

SCHON GEWUSST?

In der Ostsahara in Nordafrika scheint die Sonne 4000 Stunden im Jahr — das sind fast 11 Stunden pro Tag! Diese Region ist die sonnigste der Welt.

Warum gibt es Wind?

Wind ist nichts anderes als ein Strom von warmer und kalter Luft. Die Sonne bescheint verschiedene Regionen. Die Luft darüber erwärmt sich und steigt auf, weil warme Luft leichter ist als kalte. Steigt warme Luft, so rückt kühle Luft an ihre Stelle nach, und wir spüren Wind. Wenn schwere kalte Luft nach unten sackt, geschieht Ähnliches — sie wird von warmer Luft ersetzt.

WETTERHAHN — SELBSTGEMACHT

1 Klebe Pappdreiecke in die aufgeschlitzten Enden eines Strohhalms, so daß ein Pfeil entsteht.

2 Nimm einen Bleistift und stecke ihn mit dem Radiergummi nach oben in einen umgedrehten Blumentopf.

3 Befestige den Strohhalm mit einer Nadel am Radiergummi. Er muß sich frei bewegen können.

4 Stelle deinen Wetterhahn ins Freie und markiere die Himmelsrichtungen mit Hilfe eines Kompasses am Blumentopf. Nun kannst du die Windrichtung bestimmen.

Erwärmte Luft über dem Land steigt auf. Kühle Meeresluft strömt als Wind nach.

Was ist ein Hurrikan?

Hurrikane sind tropische Wirbelstürme mit Windgeschwindigkeiten bis zu 200 Stundenkilometern. Sie entstehen über Ozeanen, wenn warme Luft sehr schnell aufsteigt und kühle Luft nachströmt. Dieser Luftkreislauf wird immer schneller, Wirbelspiralen entstehen. An Land verliert der Hurrikan schnell seine Kraft — aber er kann gefährliche Orkane, Wolkenbrüche und Sturmfluten auslösen.

MEHR ÜBER STÜRME

- Ein Hurrikan ist ein auf der See entstandener Wirbelsturm mit 300 bis 500 km Durchmesser.
- Orkan nennt man einen Sturm auf dem Land ab Windstärke 12.
- Ein Tornado ist ein kurzer, aber sehr heftiger Wirbelsturm auf dem Festland.

Woraus bestehen Wolken?

Wenn feuchte Luft aufsteigt, oder wenn warme und kalte Luft aufeinanderstoßen, kühlt der Wasserdampf in der Luft ab und wird wieder flüssig — eine Wolke entsteht. Wie Nebel besteht die Wolke aus Millionen kleiner, schwebender Wassertröpfchen. Es gibt etwa zehn verschiedene Arten von Wolken:

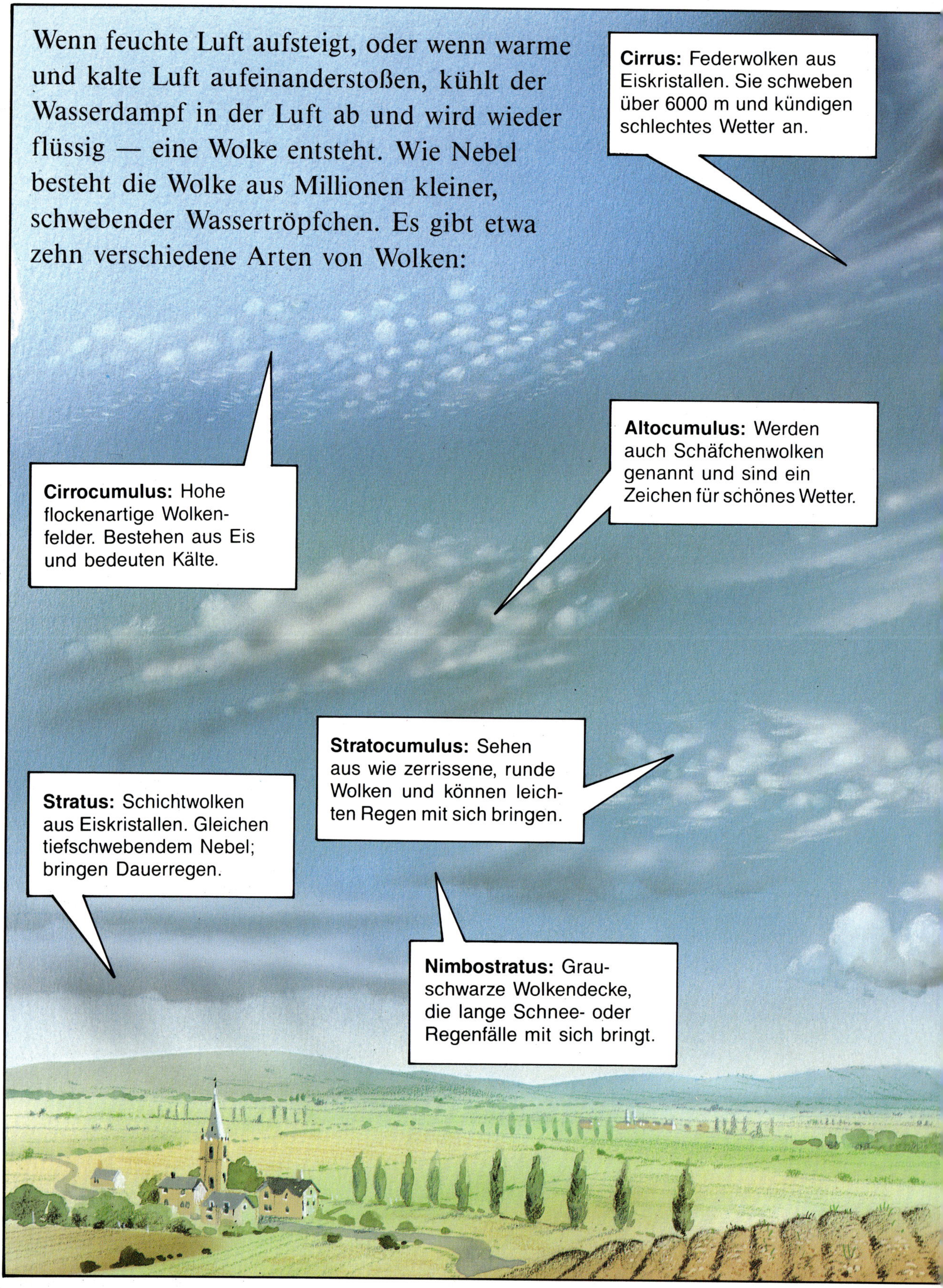

BLITZ UND DONNER

- Ein Blitz ist ein riesiger elektrischer Funke zwischen zwei Wolken oder einer Wolke und dem Boden.

- Wenn die Luft von einem Blitz aufgeheizt wird, dehnt sie sich sehr rasch aus. Dadurch entsteht ein explosionsartiger Knall, der Donner. Da Licht viel schneller ist als Schall, sehen wir immer zuerst den Blitz und hören den Donner erst später.

- Wenn du wissen willst, wie viele Kilometer ein Gewitter entfernt ist, dann zähle die Sekunden zwischen Blitz und Donner und teile diese Zahl durch drei.

Warum regnet es?

Eine Wolke besteht aus Wasserdampf und winzigen Wassertropfen. Je höher die Wolke steigt, desto kühler wird die Luft. Der Wasserdampf in ihr verflüssigt sich, bis die Wassertropfen so groß und schwer werden, daß sie als Regen zur Erde fallen. Beim Fall sammelt jeder Wassertropfen kleinere Tröpfchen um sich, so daß der Regentropfen, der schließlich auf der Erde ankommt, einige tausend Male größer ist als das Tröpfchen vorher in der Wolke.

SCHON GEWUSST?

Die Wasserspannung hält den Tropfen zusammen — sonst würde er zerfließen.

MESSGERÄT — SELBSTGEMACHT

1 Klebe ein Stück Papier auf ein Glas. Die Wände des Glases müssen ganz gerade sein.

2 Schütte 10 ml Wasser in das Glas, und markiere den Wasserstand auf dem Papier. Wiederhole das, bis das Glas voll ist.

3 Leere das Glas, stecke einen Trichter in seine Öffnung und stelle es ins Freie. Nun kannst du den Regenfall messen.

Was ist ein Regenbogen?

Sonnenlicht sieht zwar weiß aus, besteht aber aus mehreren Farben. Wenn ein Sonnenstrahl auf einen Regentropfen trifft, werden seine Farben gespalten — ein Regenbogen entsteht. Regenbogen sind kreisrund, aber nur eine Hälfte von ihnen ist für uns sichtbar. Um überhaupt einen Regenbogen sehen zu können, müssen wir die tiefstehende Sonne im Rücken haben.

SCHON GEWUSST?

Von einem Flugzeug aus kann man manchmal den vollständigen Kreis eines Regenbogens sehen.

REGENBOGEN SELBSTGEMACHT

1 Stelle eine Schüssel mit Wasser ins Sonnenlicht und ein Stück weißen Karton davor. Lege den Spiegel in die Schüssel.

2 Drehe den Spiegel so lange, bis du einen Regenbogen auf dem Karton siehst.

Sehen alle Schneeflocken gleich aus?

Es gibt keine einzige Schneeflocke, die genau wie eine andere aussieht. Wenn du jedoch die Flocken unter dem Mikroskop sehen könntest, würdest du bemerken, daß sie alle sechsstrahligen Sternen gleichen. Schneeflocken entstehen, wenn es sehr kalt ist und der Wasserdampf in den Wolken zu Eiskristallen gefriert.

MEHR ÜBER SCHNEE UND EIS

- Neun Zehntel allen Eises der Erde liegt in der Antarktis, wo die Eisschicht über 3000 m dick sein kann.
- Ausgerechnet in Kalifornien gab es den gewaltigsten Schneesturm, der je gemessen wurde. 4800 mm Schnee fiel während des Sturms.
- Schnee enthält weniger Wasser als Regen: 250 ml Schnee schmelzen zu 25 ml Wasser zusammen.

Was ist Hagel?

Hagelkörner entstehen, wenn Wassertropfen in hohen Gewitterwolken gefrieren. Die Tropfen fallen hinab, werden aber von Luftströmungen wieder nach oben getragen. Dort können sich neue Eisschichten ansetzen. Die Körner werden immer größer, bis sie schließlich zur Erde fallen.

SCHON GEWUSST?

1970 fand man das größte Hagelkorn, das je gemessen wurde. Es war fast so groß wie ein Fußball. Das schwerste fiel 1986 und wog über 1 kg.

Was sind Tau und Reif?

Wenn sich die Luft in kühlen, windstillen Nächten abkühlt, verwandelt sich der Wasserdampf in Wassertropfen. Als Tau können wir diese Tropfen am nächsten Morgen im Gras sehen. Sinkt die Temperatur unter 0 °C, gefriert der Tau — gefrorener Tau ist Reif.

SCHON GEWUSST?

In manchen Gegenden der Erde taut der Boden nie auf. In Sibirien in der UdSSR gibt es gefrorene Bodenschichten, die 600 m dick sind.

Was ist der Treibhauseffekt?

In Treibhäusern ist es warm, weil die Glaswände das Sonnenlicht herein, die angewärmte Luft aber nicht hinauslassen. Kohlendioxid und andere Gase wie Sauerstoff wirken in der Atmosphäre genau wie diese Glaswände: Sie lassen die Sonnenstrahlen hindurch, verhindern aber, daß die Hitze wieder ins Weltall entweicht. Der natürliche Treibhauseffekt verhindert, daß es auf der Erde eiskalt ist — entsteht aber zuviel Kohlendioxid, der in die Atmosphäre gelangt, wird es auf der Erde zu heiß werden!

Kohlendioxid entsteht, wenn man Öl, Kohle, natürliche Gase oder Holz verbrennt. Beim Autofahren entsteht viel von diesem schädlichen Gas!

SCHON GEWUSST?

Erwärmt sich die Erde weiter, schmelzen die Pole. Dann steigen die Meere an und überfluten das Land.

Wichtige Begriffe

Äquator: Eine gedachte Linie, die genau zwischen den beiden Polen rund um die Erde verläuft. Der Äquator teilt die Erde in zwei gleiche Hälften, die Nord- und die Südhalbkugel.

Atmosphäre: Die Luftschicht um unsere Erde. Ihre Hauptbestandteile sind Stickstoff und Sauerstoff. Sie enthält aber auch Wasserdampf, Staub und einige Gase wie Ozon.

Breiten- und Längengrade: Der Globus ist in Längen- und Breitengrade aufgeteilt. Die Breitengrade verlaufen von Osten nach Westen, die Längengrade von Norden nach Süden. Der Äquator liegt auf dem Breitengrad O°

Erdachse: Eine gedachte Linie, die von einem Pol zum anderen durch die Mitte der Erde verläuft. Die Erde dreht sich um ihre eigene Achse.

Erdkern: Mittelpunkt der Erde.

Erdkruste: Die Erde setzt sich aus vier Schichten zusammen: aus dem inneren und

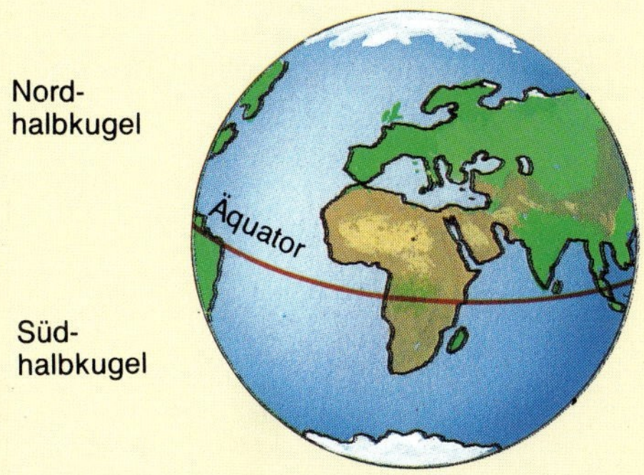

dem äußeren Erdkern, dem Mantel und — ganz außen — der Erdkruste.

Erdmantel: Eine der vier Schichten in der Erde. Der Erdmantel liegt unter der Erdkruste und besteht aus halbgeschmolzenem Gestein.

Hemisphäre: Die vom Äquator geteilten Erdhalbkugeln. Es gibt die nördliche und die südliche Hemisphäre.

Kontinent: Kontinente sind große Landmassen. Auf der Erde gibt es sieben davon: Afrika, Antarktis, Asien, Australien, Europa, Nord- und Südamerika.

Mineral: Jeder natürliche Stoff auf der Erde, der nicht tierischen oder pflanzlichen Ursprungs ist. Alle Steine bestehen aus

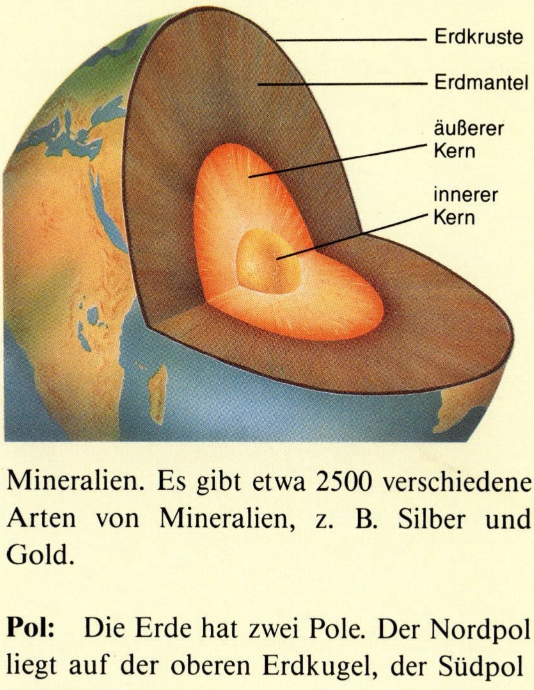

Mineralien. Es gibt etwa 2500 verschiedene Arten von Mineralien, z. B. Silber und Gold.

Pol: Die Erde hat zwei Pole. Der Nordpol liegt auf der oberen Erdkugel, der Südpol auf der unteren.

Umlaufbahn: Der Weg, den ein Himmelskörper zurücklegt, wenn er einen anderen umkreist. Die Erde umkreist die Sonne gegen den Uhrzeigersinn.

Verwerfung: Ein Bruch oder eine schwache Stelle in der Erdkruste.

Wasserdampf: Wasser ist flüssig. Wenn es sehr kalt wird, gefriert es zu Eis. Ist es zu heiß, verdunstet es und wird zu einem Gas, nämlich Wasserdampf.

Register